AF359327

EXTRAIT DU SECOND PLAIDOYER

DE M. D'EPRÉMESNIL,

Conseiller au Parlement de Paris, Neveu de M. DE LEYRIT;

Prononcé à Rouen, en Réplique à la Réponse non imprimée, ni signifiée du Sr DELALLY-TOLENDAL, Curateur à la mémoire du feû Comte DE LALLY.

LA profusion avec laquelle le S^r DE TOLENDAL a répandu son indécente Réclamation, imprimée sans nom de Procureur, ni d'Avocat, sans signification, après l'Arrêt qui l'a rejettée, Réclamation pour laquelle il a trouvé un appui, un organe, un témoin qui n'auroit jamais dû se déclarer contre moi, même en me supposant les torts que je n'avois pas, me détermine à publier à part, avec le Précis de mes Moyens de Droit, cet Extrait de mon Plaidoyer, où l'on verra le résumé des faits, & sur-tout ma Réponse à la Réclamation. J'espère qu'on ne me forcera pas d'en faire une plus directe & plus claire. Je ne demande pas mieux que de paroître au plus grand jour. Je ne crains que l'intrigue & les ténèbres. Encore ! avec le temps & la Loi, on lit dans les ténèbres, & l'on démasque l'intrigue.

A

Enfin, MESSIEURS, me voici parvenu au bout de la carrière. Voilà les faits de la seconde époque. Je ne dirai qu'un mot sur la troisième, sur M. de Lally en France. C'est qu'il n'a pas cessé d'accuser hautement, de dénoncer, de calomnier, à la Cour, à Paris, chez les Magistrats, chez les Ministres, dans les Cercles, aux Promenades, par-tout, le Conseil & le Gouverneur de Pondichéry ; qu'il a voulu se porter pour accusateur en crime de lèze-Majesté contr'eux, & n'a pas réussi ; qu'alors il s'est habilement retourné, demandant qu'on lui permît du moins de les attaquer en calomnie, eux qui ne faisoient que répondre à ses accusations, & n'a pas réussi ; qu'enfin M. le Procureur-Général l'a dénoncé d'office, & que mon Oncle, qui n'avoit fait auprès du Gouvernement, & pour obéir au Gouvernement lui-même, que repousser les calomnies du Comte de Lally, par un Mémoire qui n'a pas vu le jour, n'a pas donné contre lui une ligne d'écriture au Parlement, soit avant, soit après la Dénonciation du Ministère public. Tels furent le Commissaire du Roi & le Gouverneur de Pondichéry en France ; tels ils avoient été dans l'Inde. Je vous supplie de les juger ; je vous supplie de prononcer entre mon Oncle & son persécuteur. On vous propose ; que dis-je ? on vous dicte, MESSIEURS, la Réhabilitation du Général Lally. N'a-t-on pas entendu mon Adversaire plaider expressément que cette Réhabilitation étoit déja prononcée par le Conseil, où, selon lui, *on ne casse jamais un Arrêt criminel, sans être bien certain de l'innocence*

A ij

de l'Accusé ? Etrange paradoxe ! qui feroit du Conseil un Tribunal d'Appel, & détruiroit jusqu'aux premiers principes de l'Ordre judiciaire. N'a-t-on pas entendu mon Adversaire s'écrier que *l'Univers a réhabilité d'avance le Comte de Lally ; & que, s'il demandoit un Arrêt, c'étoit pour opposer un acte judiciaire à un acte judiciaire ?* L'Univers a réhabilité le Comte de Lally ! Sur quels fondements ? Sur ses Mémoires ? Il est impossible de les lire avec attention, sans y découvrir ses perfidies. Sur la Correspondance ? Ah ! consultez toutes les âmes honnêtes. Les Lettres, les Lettres de votre père & de mon Oncle feront toujours mes plus terribles armes. Sur les piéces du Procès ? Elles sont inconnues. Sur les Précis, sur les fragments historiques d'un homme célébre ? Vous n'oserez plus le dire. Sur votre *Mémoire au Conseil ?* Il n'est pas publié. Sur les libelles clandestinement imprimés, qu'il est notoire que vous distribuez sourdement à vos Juges, en les suppliant d'entrer en confidence des outrages dont vous chargez les témoins, les premiers Juges ? Eh bien ! osez donc les répandre ces libelles audacieux. Je ne vous promets pas qu'il demeurent impunis ; mais je vous promets bien qu'à leur lecture, l'Univers n'aura plus que de l'horreur pour votre Cause. Sur cette *Consultation,* imprimée à Rouen, des Avocats de Paris, dont vous avez eu la témérité de parler à l'Audience, après avoir pris des précautions pour empêcher qu'elle ne fût réimprimée à Paris ? Il est temps que je dévoile l'objet de ces précautions mystérieuses, que vous n'avez pas rougi d'attribuer au dessein de prévenir des fermentations. Eh bien ! osez dire que cette *Consultation* est imprimée fidélement ! Osez nous en montrer l'Original ! Osez affirmer que vous ne l'avez pas altérée à l'impression ! Osez affirmer en même temps que les Jurisconsultes qui l'ont signée, ont eu connoiſſance du *Mémoire à conſulter* qui la précéde ; autre Libelle contre vos premiers Juges, & que vous n'avez pas fait imprimer ce Libelle, ſans l'avoir montré à vos Avocats, au mépris de la vérité, de l'honneur, de la bonne-foi, de la reconnoiſſance qu'on doit à ſes Conſeils. Voilà comme ſe conduit mon Adverſaire. Le voilà, MESSIEURS. Il offroit, à l'Audience du 10 Mars de nier avec ſerment qu'il eût plaidé les quatre faits dont je demandois acte, que le Public avoit entendus, que M. l'Avocat-Général avoit atteſtés, & que la Cour, en ſe recordant, a conſtatés par ſon Arrêt du même jour, conforme, mot pour mot, à mes Concluſions. Et depuis, le hazard m'a fait connoître qu'il avoit abuſé de la foi de ſes Conſeils. Il eſt bien juſte que je le démaſque, lui qui m'accuſe publiquement de trahiſon. De trahiſon ! moi ! qui n'ai pas dit un mot, ni fait un pas, dans cette affaire, qui n'ait été d'avance mille fois public, au point que mes amis m'ont ſouvent reproché ma franchiſe ; que je parlois trop haut ; que j'annonçois trop ouvertement mes projets, mes moyens, mes démarches ! Je m'en repens moins que jamais. Celui qui ne fait rien ſans l'aveu de la Loi & de l'Honneur, peut ne rien faire ſans l'annoncer. Moi coupable de trahiſon ! Et pourquoi ? Pour priver mon Adverſaire des lumières de M. le premier Préſident ? Hélas ! MESSIEURS, mes amis ſçavent, le Public a pu voir, la Cour a pu juger ſi j'ai voulu priver mon Adverſaire des lumières de M. le Premier Préſident (a). Je propoſe une réflexion. Nous avons perdu plus d'un Juge ; M. Doueſſey par un voyage, M. Bonnel par une indiſpoſition ; pluſieurs de Meſſieurs, quoique pré-

______

(a) Ceci étoit fort clair pour la Cour & pour les perſonnes qui s'étoient trouvées aux Audiences des 8 & 10 Mars.

sens à l'Audience, s'abstiennent d'en connoître. Pourquoi donc mon Adversaire n'en a - t - il pas témoigné du moins quelques regrets? J'ose dire que son insurrection est plus injurieuse encore aux Juges qu'il réclame, qu'à ceux qui le trouvent indifférent. Et remarquez, je vous supplie, MESSIEURS, l'expression échappée à mon Adversaire. Après avoir protesté, en face de la Cour, de nullité contre l'Audience du 12 : *Je conclus*, dit-il, *à ce que l'intégralité de mes Juges me soit restituée..........* ME SOIT RESTITUÉE..... A lui..... A mon Adversaire....... Non pas à nous, non pas à notre cause. Peut-on pousser le délire plus loin? Peut-on insulter plus ouvertement la Cour, M. le Premier Président, M. de Vaubadon & les bienséances? Peut-on adresser à des Magistrats un plus coupable hommage? Mais sur quel motif mon Adversaire a-t-il demandé que *l'intégralité de ses Juges lui fût restituée? Parce qu'il en a perdu précisément du nombre de ceux qui ont connu de la partie du rapport déja faite, qui dès-lors étant plus éclairés, sont plus précieux pour la Vérité & pour la Justice.* Ici mon Adversaire s'oublie encore; car, après avoir, pendant douze heures, plaidé au fonds, après avoir, pendant douze heures, déchiré mon Oncle, & blessé la Vérité, il a fait plaider par Me Ducastel, au nom du Sr Allen, que la discussion, & par conséquent la connoissance du fonds étoit absolument inutile à l'examen de l'Intervention ; & le zèle de Me Ducastel l'a poussé jusqu'à traverser la continuation de mon récit. Il a fallu qu'un Arrêt le déboutât (*a*). Réclama-

____

(*a*) Cette Anecdote mérite de trouver place dans l'Histoire des Guerres du Palais. Le Sr de Tolendal, *qu'on n'auroit jamais vu paroître, & qui se seroit bien gardé de venir affronter un genre de combat, pour lequel il avouoit son insuffisance, son incapacité, sa parfaite ineptie, s'il avoit cru que la Guerre du Palais fût une Guerre de subterfuges, de*

tion illégale, Réclamation injurieuse à la Cour, aux Magiſtrats qu'elle concerne. Voilà déja deux de ſes caractères. J'ajoute, Réclamation très-inexacte. Il exiſte, MESSIEURS, au ſujet de cet Acte, imprimé après l'Arrêt qui le rejette, ſans nom de Procureur, ni d'Avocat, en contravention aux Régle-

---

piéges, de trahiſons, * a plaidé au fonds pendant douze heures, traveſti les faits, créé des imputations, & déchiré mon Oncle, qu'il a repréſenté comme *le Chef d'une cabale acharnée ſur ſon Père*. Je l'ai laiſſé dire, & je me ſuis contenté, après deux Audiences, de demander acte à la Cour de quelques-unes des horreurs proférées par mon Adverſaire. Celui-ci s'eſt oppoſé à ma Demande, à offert le faux ſerment, dont j'ai parlé ; j'ai obtenu mes actes, & le Sr de Tolendal a continué ſes plaidoieries. Elles ont encore duré trois Audiences. A l'une de ces trois Audiences, le Sr de Tolendal, croyant réparer ſes offres du 10 Mars, éblouir le Public, & m'intimider, a déclaré, non plus qu'il nioit avec ſerment avoir plaidé ce qu'il avoit plaidé, mais qu'*il ſe rendoit perſonnellement garant de ce qu'il avoit plaidé*. Je me ſuis levé ſur le champ, & j'ai demandé acte de cette Déclaration. On venoit de l'entendre. Il n'y avoit pas moyen de nier, & j'eſpérois n'éprouver de la part de mon Adverſaire aucun obſtacle. Je me trompois. Il m'a fallu eſſuyer encore une petite Guerre ; j'ai fini par obtenir l'acte en queſtion. Mon Adverſaire a repris la parole, & ſes plaidoieries nous ont conduit juſqu'à Pâques. Après Pâques, la fameuſe journée du 12 a été employée, ſoit pour le Sr Allen, ſoit pour la mémoire du Comte d'Aché. Je n'ai pas dit un mot. Mais enfin le 19 eſt venu ; c'étoit mon tour de répliquer, tant au Sr de Tolendal, qu'au Sr Allen ſon Allié. Je me léve. Le Sr de Tolendal m'arrête par ſa Réclamation. On la rejette. L'heure me permettoit de commencer ma réplique ; je commence, & j'expoſe les faits juſqu'à l'expédition du Tañjaour incluſivement. Le Public parut frappé. Mon Adverſaire crut qu'il feroit bien de traverſer la continuation de mon récit ; mais comment s'y prendre ? il avoit plaidé au fonds, lui-même, en perſonne, pendant douze heures. S'oppoſer directement à la juſtification publique de mon Oncle, qu'il avoit déchiré publiquement & perſonnellement ! la tentative étoit un peu ſingulière. On en chargea le Sr Allen ; &, le 24, Me du Caſtel, après l'appel de mon Placet, au moment où j'allois ouvrir la bouche, s'éléve, conclut pour le Sr Allen, plaide pour le Sr de Tolendal, & ſoutient qu'il faut m'obliger à diſcuter les fins de non-recevoir, avant d'expoſer mes faits. Il cite l'article cinq, du titre cinq de l'Or-

* Termes de la Réclamation ; page 4.

mens, dans cette Ville, sous vos yeux, chez l'Imprimeur de M. le Premier Président, il existe entre M. le Premier Président & moi une Correspondance. Elle n'est pas finie, cette Correspondance. J'en attends le terme avec sécurité (*a*). Si jamais elle est publique, la Cour y verra mon

---

donnance de 1667. Je réponds en quatre mots : premièrement que Me *du Castel devroit bien cesser de plaider pour le Sr de Tolendal, en concluant pour le Sr Allen.* Secondement *que l'article de l'Ordonnance ne me concerne pas ; qu'il regarde les Juges, non les Parties ; qu'à la vérité les fins de non-recevoir doivent être jugés avant le fonds ; mais qu'il est inoui de contester aux Parties le droit d'appuyer ou de combattre les fins de non-recevoir, par des moyens tirés du fonds, sur-tout quand le fonds & les fins de non-recevoir sont inséparables, comme dans l'espéce, où l'exposition des faits, en démasquant le Calomniateur, étoit un des moyens de mon Intervention ; que d'ailleurs je vais suivre de point en point ma Requête d'Intervention ; qu'elle est renvoyée à l'Audience, & que je vais la plaider.* J'observai, troisiémement, *que le Sr Allen étoit sans intérêt ; que je n'étois point son Adversaire ; que je l'avois déclaré ; que je le répétois ; qu'il ne m'obligeroit point à l'être, & que je le priois d'attendre mes attaques pour m'interrompre.* Quatriémement enfin je représentai *que le Sr de Tolendal avoit exposé les faits à sa manière pendant douze heures ; que le Sr Allen l'avoit laissé parler ; qu'il auroit dû l'interrompre, ou qu'il devoit m'écouter ; que leur collusion étoit sensible ; que le but de cette collusion sautoit aux yeux ; & que, de cela seul, il résultoit, en Droit, en Morale, une fin de non-recevoir contre la Remontrance du Sr Allen.* . . . . . . Le Sr Allen fut déclaré non recevable.

Or c'est ainsi que s'est conduit le Sr de Tolendal, qui n'entend rien à la Guerre du Palais. Il plaide au fonds pendant douze heures ; avance, pendant douze heures, des faits dénaturés ou controuvés ; après quoi, par le moyen d'un Allié sans intérêt, il s'oppose loyalement au rétablissement de la Vérité par ma bouche. Quelle insuffisance ! Quelle incapacité ! Quelle ineptie parfaite pour la Guerre du Palais !

Le bruit court que le Sr Allen s'est pourvu en Cassation, sous prétexte de contravention à l'Article 5 du Titre V de l'Ordonnance *, contre cet Arrêt du 24 Avril, qui l'a déclaré non recevable dans sa Remontrance collusoire, & m'a permis de répondre au Sr de Tolendal.

(*a* A présent elle est finie, au moins de mon côté ; j'ai rappellé les faits à M. le Premier Président de Montholon.

* Voici l'Article de l'Ordonnance : *Dans les Défenses seront employées les fins de non-recevoir, nullité des exploits, ou autres exceptions péremptoires, si aucunes y a, pour y être préalablement fait droit.* D'après cet Article peut-on établir ou repousser les fins de non-recevoir par les moyens tirés du fonds, en un mot sur les faits ? oui, quand il s'agit du Sr de Tolendal ; *non,* quand il s'agit de moi ; telle est la Jurisprudence des Alliés du Sr de Tolendal. ·

respect

reſpeſt pour elle & pour M. le Premier Préſident ; elle
y verra que ma conduite eſt ferme, parce que ma conſcience
eſt pure. En attendant, je déclare expreſſément n'avoir jamais
fait de convention verbale ni tacite, directe ni indirecte avec
mon Adverſaire ; le reſte s'éclaircira......... & j'oſe me flatter
que M. le Premier Préſident lui-mème, qui n'a pas pu juſqu'à
préſent, par défaut de ſanté, me recevoir, ni me répondre,
ou du moins entrer en matière, m'aidera tôt ou tard à dé-
brouiller ce mêlange de vrai & de faux, dont on oſe tirer,
ſous ſon nom, des conſéquences fâcheuſes contre moi.......

« Que je n'avois point contracté d'engagement avec le Sr de Tolendal, ni par
» moi, ni par d'autres, ni par M. le Premier Préſident.

» Que je n'avois point contracté d'engagement avec M. le Premier Préſident.

» Que je ne pouvois pas le contracter, cet engagement.

» Que M. le Premier Préſident n'auroit pas du le recevoir ; & que, ſi j'avois
» eu l'indiſcrétion de vouloir le contracter, M. le Premier Préſident auroit du
» m'arrêter & me dire : *Votre honnêteté pour moi vous compromet:*

» Que j'avois été rendre hommage à M. le Premier Préſident ; &, par cet
» hommage volontaire, lui ſubordonner mon départ ; mais que cet hommage lui-
» même, je l'avois ſubordonné aux diſpoſitions du Parlement ; qu'il n'étoit pas en
» mon pouvoir de lui en offrir un autre ; qu'il n'était pas au ſien de l'accepter
» en d'autres termes.

» Que, dans un hommage, on ne devoit pas voir un engagement ; dans un
» hommage conditionnel, conditionnel par le fait, conditionnel par l'eſſence des
» chôſes ; un engagement abſolu ; dans un hommage perſonnel à M. le Premier
» Préſident ; un engagement avec mon Adverſaire ; dans un accord non concerté
» de reſpect pour M. le Premier Préſident, un traité mutuel ; qu'au lieu d'éclairer
» mes pas, on m'avoit laiſſé dans l'obſcurité ; qu'au lieu de fixer ma marche,
» on m'avoit laiſſé dans l'incertitude ; qu'au lieu »..... Je viens d'en dire aſſez
pour mon honneur. Arrêtons-nous. Je me défends ; mais, ſi l'on veut, je conver-
tirai la défenſe en attaque. En attendant, j'ajouterai ici que je n'ai pas cru qu'il me
convînt d'entrer, avec le Sr de Tolendal, dans ces détails, ni d'honorer ſa Réclamation d'une réponſe directe. Il m'a diſpenſé pour toujours, le 10 Mars dernier,
de commettre ma parole avec la ſienne. *M. de Tolendal affirme tel fait, M.*
d'Eprémeſnil le nie ; c'eut été toute ma réponſe, ſi le Sr de Tolendal n'eût pas mis
en avant un autre témoignage que le ſien.

B

Mais qu'il me foit permis du moins de terminer par une obfervation très-légitime. La Caufe étoit renvoyée au 12 par un Arrêt. Pouvois-je me difpenfer de paroître à l'Audience, moi fur-tout qu'on accufoit de chercher à prolonger, quoique depuis le 16 Février, mon Adverfaire eût la parole, & que l'Allié de mon Adverfaire dût la reprendre avant moi ? Pouvois-je, fans manquer à la Cour, demander ou faire demander la remife de notre Caufe, fans être affuré des difpofitions de la Cour ? Or j'ai cherché à les connoître, ces difpofitions. Je l'ai cherché, par les moyens que je devois, & je n'ai pas pu y parvenir. Et, quand on voudroit traveftir un hommage purement perfonnel à M. le Premier Préfident, mais toujours fubordonné, toujours annoncé pour l'être, à mon refpect envers la Cour, le Miniftère public & les formes, en un traité tacite avec mon Adverfaire, que je n'ai pourtant chargé perfonne d'en avertir, n'avois-je pas d'autres Parties ? M'auroit-on répondu du fieur Allen, du fieur Poully, des autres Accufés ? Et que s'eft-il paffé en effet ? On ouvre l'Audience ; ce n'étoit pas à moi de prendre la parole ; je garde le filence. A-t on entendu le Procureur du Sr de Tolendal, ou l'Avocat qu'il avoit chargé de confentir à la remife, fous prétexte de cet engagement chimérique, qu'il eft venu me reprocher à grands cris ; a-t-on, dis-je, entendu le Procureur ou l'Avocat du fieur de Tolendal, repréfenter, témoigner quelque furprife fur mon filence ? Ils n'avoient, vous a-t-on dit, de Pouvoir que pour confentir & non pour demander la Remife. Quelle défaite ! Comment ! Leur zèle ne devoit pas les porter, la liberté de leur miniftère qu'on ne reprochera pas à Me Ducaftel d'avoir trahi depuis, ne les autorifoit pas à dire, au moins, que *mon filence les étonnoit ; qu'il exiftoit entre mon Adverfaire & moi des paroles dont ils*

croyoient devoir me prier de rendre compte....... Non, MES-
SIEURS; l'Audience eſt ouverte; la Cauſe eſt appellée; je
n'avois rien à dire; je garde le ſilence, & Mᵉ Ducaſtel, qui,
ſous le nom du Sʳ Allen, n'a pas ceſſé de plaider pour
le Sʳ de Tolendal, ſe léve, prend la parole, & plaide,
ſans réclamation, ſans obſervation; tandis que moi, je de-
meurois en l'écoutant, borné au rôle purement paſſif que
m'impoſoit l'ordre des Plaidoieries. Voilà, MESSIEURS, ce
qui s'eſt paſſé. Vous-vous le rappellez. Quel a donc été mon
étonnement, mon indignation, lorſque j'ai vu mon Adverſaire me reprocher, huit jours après, une trahiſon; m'oppoſer le témoignage de M. le Premier Préſident; nous apprendre qu'il s'eſt tenu une Conférence à ce ſujet entre ce
Magiſtrat & M. le Garde des Sceaux; que M. le Garde des
Sceaux l'a interpellé; qu'il a, ſur l'Interpellation, affirmé les
faits! Quoi! tandis que je plaide ici, deux Magiſtrats qui
doivent être impaſſibles, l'un comme vous, MESSIEURS,
l'autre comme la Loi dont il eſt le premier organe, s'occupent
(à mon inſçu, en mon abſence, ſans m'écouter, ſans m'ap-
peller, ſans m'en écrire au moins) de faits qui peuvent me
nuire, & qu'on doit, à l'abri de leurs noms, préſenter à
l'Audience !...... Je n'en crois pas mon Adverſaire...... Il vouloit que la Cour interpellât auſſi M. le Premier Préſident; il
comparoit la parole de ce Magiſtrat, invoqué contre moi,
contre moi ſon Client, au Procès-verbal d'un Magiſtrat in-
ſulté; en même-temps il demandoit que M. le Premier Préſident fût ſon Juge & le mien; &, dans ſon égarement, les
expreſſions les plus imprudentes lui ſont échappées. A l'entendre, je l'ai privé *des ſecours néceſſaires à ſa Défenſe*; c'eſt un
larcin; *par moi des Juges lui ſont enlevés*; il conclut formelle-

ment *à ce que ses Juges lui soient restitués.*.... Ah! MESSIEURS, je l'ai dit sur le champ : Qui, de mon Adversaire ou de moi, a plus témoigné de respect à M. le Premier Président? Je répéte que je n'ai ni formé, ni dû, ni pu, ni voulu former aucune espéce d'engagement verbal ou tacite, direct ou indirect avec mon Adversaire ; j'espère qu'il sentira ses imprudences, pour ne rien dire de plus ; j'espère qu'il cessera d'abuser du nom de M. le Premier Président...... & je conclus que le jugement de l'Univers ne sera pas appuyé non plus sur la *Réclamation.*

Encore une fois, que mon Adversaire nous dise donc sur quoi il fonde ce jugement anticipé de l'Univers en faveur de son père ! Les Mémoires du Général Lally, ses Lettres, celles de mon Oncle, les Piéces du Procès, les *Précis* & *Fragmens historiques*, le *Mémoire au Conseil*, les Libelles clandestins qui vous sont distribués, la *Consultation* défigurée des Avocats de Paris, le Mémoire supposé qui la précéde ; le serment par lui offert à l'Audience du 10 Mars, sa Réclamation libellée faussement, imprimée irrégulièrement, répandue indécemment, tous ces Actes, MESSIEURS, ou ne pouvent pas servir, ou ne pourroient que s'opposer au prétendu jugement de l'Univers. Qu'est-ce donc qui peut nourrir l'illusion de mon Adversaire ? Seroit-ce encore sa Lettre au Comte de Vergennes, imprimée au *Courier de l'Europe ?* Je crois avoir anéanti ce Libelle par mon Commentaire. Qu'a répondu l'Auteur du Libelle? Pas un mot direct. Il a seulement prétendu que je manquois au Comte de Vergennes. Qu'a de commun la gloire de ce Ministre avec la Lettre de mon Adversaire ? J'honore avec toute l'Europe les talens & les lumières du Comte de Vergennes ; mais je me crois permis de ne point confondre ses Négociations avec la Lettre du Curateur de M. de Lally, & de dire que cette Lettre femée de faits qu'on n'ofe plus articuler, d'accufations qu'on n'ofe plus foutenir, de défis à tout le monde, qu'on abandonne à la vue du premier qui les accepte, ne paffera dans l'efprit de perfonne pour un chef-d'œuvre de Politique. Mon Adverfaire citera-t-il encore, comme un jugement de l'Univers, cet article indécent & faux du *Courier de l'Europe*, N° 20, au VIIe volume, où l'on parle de mon Oncle, de ma Caufe, & de moi avec auffi peu de bienféance que de vérité ? Je crois devoir vous apprendre, MESSIEURS, que j'en ai porté mes plaintes ; que j'ai voulu faire inférer au *Courier de l'Europe* un article tendant à rétablir la vérité ; que mes prières, que mes inftances n'ont pas eu de fuccès, & même qu'il ne s'eft plus trouvé d'autorité en France pour les accueillir. Je n'ai pas cru, MESSIEURS, qu'il fût digne de moi de rien faire imprimer fans obferver les formes, & j'ai laiffé mon Adverfaire jouir de fon triomphe dans le *Courier de l'Europe*. Mais voyez fi j'avois tort de dire que tout le monde n'a pas les mêmes facilités que mon Adverfaire, pour difpofer publiquement d'une feuille dans les *Journaux*. Mon crédit ne va pas même jufqu'à pouvoir faire inférer un article de vingt lignes dans une feuille périodique, autorifée en France...

Mais j'aurai pour moi, MESSIEURS, la Loi, la Vérité, votre juftice. Voilà mon crédit, mes protecteurs ; voilà cette armure célefte que mon Adverfaire m'a reprochée. Avec elle, oui, fans doute avec elle, je me crois invulnérable. Mon Adverfaire m'a déclaré qu'il iroit aux pieds du Roi. Et bien ! je l'y fuivrai. Je doute fort qu'il ofe, devant la perfonne du Roi, fe jetter, s'emporter, s'égarer dans ces déclamations intolérables, qu'il s'eſt pourtant permiſes devant le Roi, préſent ici par ſa Juſtice. Mais enfin le Roi l'écoutera, parce qu'il eſt bon ; le Roi m'écoutera, parce qu'il eſt juſte ; je laiſſerai, comme j'ai fait ici, un libre cours à ſes déclamations ; mon tour viendra ; je répondrai : « SIRE, ne » ſouffrez pas qu'une fauſſe pitié s'empare de votre cœur. La » vraie bonté des Rois, c'eſt la Juſtice. L'innocence, les loix, » la majeſté des Tribunaux qui tirent de vous tout leur éclat, » la vérité m'ont précédées à vos pieds, & m'environnent ; » cette Vérité, SIRE, vous annonce par ma bouche, que » le Général Lally a trahi dans l'Inde le feû Roi votre Aïeul. » Que VOTRE MAJESTÉ daigne compter & peſer » les témoignages, examiner les Piéces, ſuivre les faits. » Voyez ce Général, en même temps Commiſſaire du feû » Roi votre Aïeul, & Syndic de la Compagnie, débuter en » arrivant par des outrages envers le Gouverneur & le Conſeil » Souverain, Dépoſitaires de votre autorité ; marcher à S.- » David ſans aucune précaution ; accuſer tout le monde » avant la priſe, forcé de ſe rétracter après le ſuccès ; éva- » cuer, malgré l'avis du Conſeil, Chéringham, poſte qui de- » voit favoriſer l'expédition prochaine du Tanjaour ; expoſer » dès ce moment, par le rappel combiné de deux Chefs né- » ceſſaires, ſans délibération du Conſeil, ſans même le con- » ſulter, au mépris des inſtances réitérées du Gouverneur, » l'importante Ville de Mazulipatam, & vos riches Provin- » ces du Dékan, aux armes de l'ennemi ; voyez-le en marche » pour le Tanjaour, ne pas vouloir attendre les vivres & les » munitions, piller vos propres Aldées, diſſiper les vivres ſur » la route, retarder, détourner ſes approches pour le pillage » inutile d'une autre Ville, arriver, mais avertir de ſa propre

» détreſſe l'ennemi qu'il va combattre , trahir vos intérêts ,
» tantôt par ſa negociation dériſoire avec cet ennemi , tantôt
» par la rupture de cette négociation devenue plus ſérieuſe ,
» & conſommer ſes perfidies par la plus honteuſe fuite ; il
» revient à Pondichéry , c'eſt pour empêcher le Conſeil Su-
» périeur d'écrire en France ; c'eſt pour y déranger l'adminiſ-
» tration des Finances , l'uſurper ſur le Conſeil , ramener
» tout à la caiſſe Militaire , dont lui ſeul diſpoſoit. Il prend
» poſſeſſion d'Arcate , c'eſt pour en conſtituer d'abord Ré-
» giſſeur , enſuite Nabab , Rajaſaëb , ennemi naturel de trois
» Princes Maures , que ſes inſtructions lui preſcrivoient de
» ménager , nos Alliés , ennemis des Anglois , & qui , ſur la
» ſimple nouvelle de la Régie , ont quitté notre parti , maſ-
» ſacré vos ſujets , ſecouru vos ennemis , traverſé le ſiége de
» Madras. Le Général part pour cette expédition. Deux laks
» lui ſuffiſoient. A ce prix il répondoit de Madras. Il touche
» plus de ſix laks , & Madras n'eſt point pris. Durant le ſié-
» ge , un Partiſan ſuſpect d'intelligence eſt arrêté , mais re-
» lâché ; durant le ſiége , des liaiſons ſuivies du Général avec
» pluſieurs Dames Angloiſes , étonnent tous vos ſujets. La
» Ville noire eſt pillée ſans néceſſité , comme ſans fruit ; la
» Fortereſſe eſt attaquée obſtinément par l'endroit le plus
» fort & le plus incommode pour recevoir des munitions ;
» ces munitions elles-mêmes ſont volontairement mal employées ; le feu des attaques eſt volontairement interrompu ;
» nos batteries ſont livrées ſans défenſe au feu des aſſiégés ;
» des Lettres abominables , écrites , envoyées par le Général ,
» ſans précaution , éloignent nos Alliés , encouragent nos en-
» nemis. Un de leurs poſtes (a) qu'il falloit prendre , qu'on pou-

______

(a) Chinguelpet.

» voit prendre, leur eſt laiſſé; &, de ce poſte, une poignée
» d'Anglois ſe fait un point d'appui pour déſoler notre Camp.
» Durant le ſiége, un Bâtiment Anglois, annoncé au Géné-
» ral, s'approche & mouille impunément ſous le canon de
» la Fortereſſe, après quoi on envoie le canonner. Enfin une
» terreur affectée du Général lui fait lever le ſiége. Il ne ſe
» retire pas; il fuit, laiſſant à l'ennemi, qui ne le pourſuivoit
» pas, qui ne pouvoit pas le pourſuivre, artillerie, muni-
» tions, tout, juſqu'à vos ſujets bleſſés, abandonnés, par ſon
» ſilence, aux horreurs de la faim pendant deux jours. Cepen-
» dant, SIRE, pour ce ſiége incroyable, Pondichéry étoit
» demeuré ſans garniſon, vos Aldées ſans défenſe, les récol-
» tes ſans protection, & l'ennemi les a détruites. De retour à
» Pondichéry, le Général y fait ſentir, au lieu de l'autorité
» bienfaiſante de **VOTRE MAJESTÉ**, tout le poids
» de la tyrannie la plus inſupportable. Les Malabares ſont
» vexés impitoyablement; pluſieurs prennent la fuite. Mazu-
» lipatam eſt aſſiégé. Il falloit le ſecourir; le Général dif-
» fère, par l'effet de ſa haine contre un de vos plus braves
» ſujets; Mazulipatam eſt enlevé. La voix publique dénonce le
» Commandant; on informe; l'information étoit concluante;
» le Général arrête violemment les procédures, & comble
» d'honneurs le Commandant. Cangivarom étoit à vous; poſte
» important; le Général le ſçavoit bien, & l'avoit reconnu
» par un écrit motivé. Un mois après, l'ennemi en fait le ſiége;
» le Général ne veut pas le ſecourir; Cangivarom eſt pris;
» &, dans ce poſte, un Allié fidéle eſt abandonné au fer de
» l'ennemi, qui le fait maſſacrer, lui & toute ſa famille. Vous
» aviez Arcate, pays fécond en vivres, précieux par ſes reve-
» nus; le Général ſépare ſon Armée en deux corps, par un
intervalle

» intervalle de foixante lieues ; Arcate demeure fans protec-
» tion , & les Anglois y reprennent leur ancienne prépondé-
» rance. L'Armée fe révolte pour dix mois de paye ; le Gé-
» néral l'approuve, l'autorife, l'irrite contre les habitans & le
» Confeil, veut l'exciter, l'aider, la conduire au pillage de
» votre Ville, & finit par lui payer fix mois en fix jours, &
» deux autres mois , dix-fept jours après, lui qui fe difoit
» dénué d'argent & de moyens pour en avoir. Bientôt il perd
» en perfonne, par fa mauvaife difpofition & par fa lâcheté,
» une bataille à Vandavachy , au même lieu où nos troupes
» avoient remporté, fans lui, quatre mois auparavant, une
» victoire fignalée. Alors il rentre dans Pondichéry, pour n'en
» plus fortir , ne fait plus faire à votre Armée, fupérieure
» en nombre, même de fon aveu, à celle de l'ennemi, que
» des mouvemens rétrogrades, commet une ufure effroyable,
» fous un nom emprunté, contre la Compagnie dont il étoit
» Syndic, dans un moment de crife publique, expofée par
» lui-même très-pathétiquement trois jours auparavant ; aban-
» donne à l'ennemi toutes vos poffeffions, laiffe prendre tous
» fes poftes, les uns après les autres, fans vouloir les fecourir ;
» déclare pour l'un d'eux (a) ; qu'*il ne l'a pas voulu* ; qu'*il étoit
» trop mécontent de la Cour* ; fait faire des fignaux auxquels
» les François ne pouvoient pas répondre , puifque , dans les
» momens choifis, on n'attendoit ni Vaiffeaux ni convois,
» mais auxquels on répond du Camp Anglois ; fe livre en
» défefpéré à tous les emportemens de fa haine contre les
» habitans, le Gouverneur & le Confeil de votre Ville ; laiffe
» vendre au-dehors de la Place, par un Concuffionnaire (b),

(a) Valdaour.
(b) Ramalinga, Naturel du Pays , Avaldar ou Fermier d'Arcate.

” qu'il avoit puni comme tel, les vivres amaſſés pour la Place;
” traverſe tous les ſoins qu'on vouloit prendre pour l'appro-
” viſionnement, appelle à ſon ſecours les Mayſſouriens pour
” affamer la Ville, ne veut pas les mener à l'ennemi, pro-
” poſe de les piller & de les maſſacrer ; conſent à la formation
” d'un Comité pour l'objet des vivres; mais, voyant qu'il réuſ-
” fit, le caſſe trois ſemaines après ; au lieu de ſe concerter
” avec le Conſeil, l'accable d'invectives; au lieu d'encourager
” les habitans, les accuſe publiquement & ſans prétexte, de
” trahiſon ; fait dreſſer dans les rues des roues & des poten-
” ces ; menace les Conſeillers de les faire fuſiller, s'ils paroiſſent
” enſemble plus de cinq à ſix; chaſſe les Malabares, ſans ap-
” puyer leur ſortie ; abandonne au pillage de vos Soldats la
” Ville noire ; menace des mêmes horreurs la Ville blanche;
” rebute les mères éplorées; met ſous leurs yeux l'image du re-
” pas le plus horrible (a); menace les pères de famille (b) de faire
” violer leurs filles par vos Soldats, excéde vos ſujets par des
” fouilles arbitraires, par des taxes immodérées, & cependant
” met à couvert tous ſes effets, les fait paſſer à travers le
” Camp ennemi ; entretient avec le Commandant Anglois la
” plus ſcandaleuſe correſpondance ; donne des ordres pour
” faciliter l'aſſaut à l'ennemi, finit par interdire le Conſeil,
” par éloigner les Chefs de tous les Corps militaires, fait
” mine de vouloir capituler, ordonne au ſieur de Landiviſiau
” de faire dreſſer une Capitulation, non-ſeulement de Place,

(a) La Dame *Le Seigneur* lui demandant du ris pour ſes deux enfans, le
barbare eut la cruauté de lui répondre : *Eh bien ! mangez en un.*

(b) Le Sr Carvailho, l'un des habitans les plus conſidérables, reſpecté par ſes
vertus & ſon grand âge; il faiſoit au Général des repréſentations ſur une taxe
arbitraire à laquelle il avoit plu au Général de l'impoſer.

» mais de Colonie ; mais déclare qu'en même-temps il rendra
» sa personne à discrétion ; ensuite il se rétracte , ôte par le
» fait au sieur de Landivisiau ses pouvoirs ; permet au Conseil
» de capituler pour la Ville & les habitans, tourne en ridi-
» cule, corrige de sa main un premier projet de Capitulation ,
» approuve le second, arrête pendant deux jours l'envoi des
» Députés, attend que la Ville n'ait plus de vivres que pour
» deux heures, consent alors au départ des Députés . Leur
» permet de présenter la Capitulation ; mais, avant qu'elle soit
» lue, fait remettre au Vainqueur un Acte par lequel, en l'ac-
» cablant d'injures, il lui déclare qu'il ne veut pas capituler ,
» l'avertit de l'état de la Place, rend vos troupes , *faute de*
» *vivres* (a), prisonnières de guerre , aux termes d'un cartel que
» lui-même avoit enfreint ; réclame pour les habitans & pour
» la Ville ce cartel qui ne les concernoit pas ; avertit le Vain-
» queur une seconde fois de sa propre foiblesse, lui dit qu'étant
» le plus fort , il peut dicter les dispositions ultérieures, l'outrage
» de nouveau , & déclare après tout cela, que le Conseil peut
» non pas capituler , mais représenter pour lui & pour les
» habitans..... Le Vainqueur, comme il étoit facile de le pré-
» voir, renvoie les Députés du Conseil , sans les écouter ; le
» lendemain, votre Général livre la Ville à l'ennemi moins
» fort que lui en nombre. Bientôt les murs sont abattus ; l'en-
» nemi menace les maisons de la même rigueur ; le Gouver-
» neur représente , proteste ; le Général se tient tranquille ; il
» a bien sçu pourtant protester depuis contre un traitement (b)

(a) Termes de la Déclaration du Général Lally au Colonel Coote.

(b) C'étoit un traitement modique , fixé à tant par mois, par les Anglois,
pour leurs prisonniers & notamment pour les Employés de la Compagnie.

» fait par le Vainqueur à des prifonniers vos fujets ; les pro-
» teftations du Gouverneur font inutiles ; la Ville eft rafée
» de fond en comble , cette Ville fi floriffante , quand votre
» Commiffaire y mit les pieds, trois ans auparavant, n'eft
» plus qu'un amas de ruines.....; & , tandis que vos Sujets pleu-
» rent fur leurs maifons détruites, le Général s'occupe &
» réuffit à dérober aux regards du Confeil, à tout œil Fran-
» çois, les papiers de l'Intendant de votre armée; il s'occupe
» & réuffit à fuborner trois de fes Gardes contre un Officier
» François , pour un affaffinat imaginaire..... Et c'eft pour
» l'auteur de tous ces crimes (a); c'eft pour l'homme coupable
» d'une trahifon auffi marquée, qu'on vient, SIRE, non pas
» demander grâce à VOTRE MAJESTÉ; mais l'affurer que
» votre Parlement a fciemment facrifié par un Arrêt unani-
» me l'homme jufte aux cris d'une cabale acharnée; comme
» fi les preuves écrites & les aveux de l'Accufé ne venoient
» pas à l'appui des témoignages! Comme s'il étoit poffible
» que des hommes fe réuniffent, les uns pour inventer, les
» autres pour accueillir au nom de la Juftice , au vôtre,
» SIRE, autant d'horreurs! Comme s'il fe pouvoit que toute
» une Colonie, que tout un Tribunal, miffent à la fois dans leur
» conduite autant d'acharnement & de fens froid, autant de
» fureur & de combinaifon! Une telle défenfe eft , SIRE, une
» preuve de plus contre le traître. Que VOTRE MAJESTÉ
» daigne enfin remonter aux principes de ces déclamations fé-
» ditieufes; qu'elle daigne approfondir les intrigues particu-
» lières qui les ont fufcitées, foutenues, fomentées, propagées.

____

(a) Je n'ai pas tout dit ; voyez , Lecteur fenfible , le récit qui termine cet
Extrait.

» On m'a défié de montrer les refforts, de nommer les agens,
» d'indiquer le but fecret de ces intrigues; j'accepte le défi;
» &, fi VOTRE MAJESTÉ me l'ordonne, je lui dirai ce
que fçait toute la France, & ce qu'on a diffimulé à VOTRE
» MAJESTÉ. Ainfi j'aurai tenu la parole de mon Adverfaire,
» qui promettoit *la vérité, toutes les vérités*. Et, dans ce cahos
» éclairci, VOTRE MAJESTÉ démêlera fans peine fes bons
» & loyaux ferviteurs; elle en impofera aux ennemis de fa
» juftice & de fa gloire; qu'ils tremblent, qu'ils rougiffent,
» & fur-tout, SIRE, qu'ils fe repentent à votre voix! Qu'à
» la voix fouveraine de VOTRE MAJESTÉ, tous ces fan-
» tômes, long-temps nourris dans les ténébres, & tirés du
» fein de leur profonde obfcurité pour les faire lutter contre
» les loix, l'innocence, la vérité, vos Magiftrats, vos inté-
» rêts, rentrent enfin & pour toujours dans le néant. Toute
» la France vous en conjure ».

J'ajouterai, MESSIEURS, à ce tableau des crimes du
Général, le récit des fervices du Gouverneur. Je peindrai,
en peu de mots, les foins qu'il s'eft donnés, les dangers
qu'il a courus, les chagrins non mérités qui n'ont pas ceffé
de le dévorer, les malheurs accumulés fur fa tête irrepro-
chable, trois ans paffés aux prifes avec le tyran & le deftru-
cteur de fon pays, fa perfonne indignement traitée, fa
patience mife aux épreuves les plus rudes & les plus fré-
quentes, fes plus fidéles ferviteurs, fes plus anciens amis
perfécutés de préférence, fes confeils toujours méprifés, fes
intentions toujours noircies, & néanmoins fes efforts perfé-
vérans pour prévenir ou du moins retarder la ruine publique,
fa fortune épuifée, fa fanté réduite aux abois, fes jours
abrégés, fes mânes infultés. J'appellerai en témoignage de

ſa vertu, ſes actions, ſes Lettres, celles qu'il a reçues, celles qu'il a écrites, tous les Journaux tenus dans l'Inde, les ſiens, cette incroyable Correſpondance qui paſſeroit pour un Roman, ſi l'exiſtence des deux Acteurs n'étoit pas avérée ; cette Correſpondance où l'on voit deux modéles, l'un de fureur, de perfidie, l'autre de patience & de patriotiſme ; en un mot j'invoquerai en faveur de mon Oncle la voix publique, tout juſqu'aux aveux de ſon perſécuteur, & je dirai au Roi, ce que j'oſe dire aujourd'hui à ceux qui le repréſentent : Jugez, SIRE, jugez, MESSIEURS, lequel de ces deux hommes a mérité la mort ; lequel des deux a mérité la honte ; lequel des deux étoit un traître.

Et vous, qui n'avez pas réuſſi à m'effrayer, profanateur des cendres de mon Oncle ; vous qui troublez, je le répéte, par vos cris imprudens, la triſte paix du tombeau de votre père, ceſſez de prendre un ton ſi haut. Vous n'épargnez dans vos mépris, ni les Compagnies les plus reſpectables, ni les perſonnages les plus recommandables, ni les Corps les plus dignes d'éloges. A quoi penſez-vous que tout cela vous ſerve ? Qu'eſpérez-vous ? Appuyer votre Cauſe ? honorer votre perſonne ? Détrompez-vous. Les Marillac & les Montmorency n'auroient pas ſuivi votre méthode, ni tenu votre langage. La modeſtie ſied bien au rang le plus illuſtre ; elle ſied bien à la Vérité même ; mais vous, l'avez-vous reſpectée ? l'avez-vous dite ?

Par exemple l'avez-vous dite en m'accuſant d'avoir défiguré votre *Mémoire au Conſeil*, quand j'ai ſoutenu qu'il préſentoit vos premiers Juges comme des Bourreaux ? Comment avez-vous répondu ? Par la lecture d'une apoſtrophe qui ſe trouve dans l'exorde de ce Mémoire, & qui ne taxe que d'*erreur* ces premiers Juges; après quoi vous - vous êtes écrié par deux fois, d'un air triomphant : *M. d'Eprémeſnil l'a lu, & il m'accuſe d'avoir reproché un aſſaſſinat aux Juges de mon père*............ Sans doute M. d'Eprémeſnil l'a lu..... Mais croyez-vous qu'il ſe contente de lire l'exorde & la peroraiſon d'un Mémoire ? M. d'Eprémeſnil lit tout ; or, dans la ſeconde partie du vôtre, ſous la ſeconde Propoſition intitulée : *Mon père eût-il été le plus coupable des hommes, a été mal jugé*, voici ce qu'il a trouvé :

» **A** Dieu ne plaiſe que je veuille compter toutes les at-
» teintes portées à ces inſtitutions ſi ſagcs & ſi néceſſaires,
» produire l'énumération volumineuſe des nullités, des pré-
» varications entaſſées les unes ſur les autres, faire pénétrer
» les cauſes ſecrétes qui les ont produites, & découvrir dans
» toutes ſes parties cette horrible machine dont le jeu appa-
» rent, quelqu'effrayant qu'il ſoit, l'eſt moins encore que
» les reſſorts qui l'ont fait mouvoir. On ne ſçauroit trop reſ-
» ſerrer des détails auſſi affligeants pour l'Humanité ; je ne
» dirai que ce qu'il me ſera impoſſible de ne pas dire ; je me
» bornerai au caractère extérieur de la Procédure, & je
» diſtinguerai ſept points généraux de réclamations, ſous
» leſquels je diviſerai tous les moyens deſtinés à prouver la
» ſeconde Propoſition que je dois établir dans cette ſeconde
» partie.

» 1° Ridicule odieux dans la baſe du Procès ; nullité ra-
» dicale dans toute la Procédure.

» 2° Contravention formelle aux ordres du Roi pendant
» tout le cours de l'Inſtruction.

» 3° Renverſement de toutes les loix dans l'Information.

» 4° Inhumanité révoltante ; infidélité inouie dans le refus
» d'un Conſeil.

» 5° Partialité outrée des Commiſſaires.

» 6° Rapidités ſcandaleuſes dans le Jugement ; dénis de
» Juſtice multipliés.

» 7° Faux dans l'Arrêt ; abſurdité dans l'énoncé du Juge-
» ment ; inexiſtence de délit.

Et, dans la diſcuſſion de tous ces points, que vous trou-
vez ſans doute reſpectueux pour vos Juges, & qui n'annon-
cent que de l'*erreur*, voici ce que M^r d'Eprémeſnil a
remarqué.

» Ce Moine, (*le P. Lavaur*), avoit forgé deux Mémoi-
» res, l'un pour, l'autre contre mon père. Qui le croiroit ?
» c'eſt ſur le dernier que le Procureur-Général rend plainte
» contre mon père ! C'eſt un Libelle qui devient le ſigne de ral-
» lîment contre cette victime infortunée ; c'eſt là que les Té-
» moins s'inſtruiſent, que les Juges s'éclairent ; c'eſt ſur ce Libel-
» le d'un impoſteur démaſqué par lui-même, convaincu de ra-
» pine par ſes thréſors, convaincu de duplicité par ſes propres
» Ecrits, qu'un Lieutenant-Général ſe voit accuſé, jugé &
» condamné.

Plus loin (après avoir entaſſé des ſophiſmes contre l'at-
tribution donnée au Parlement, par deux Lettres-Patentes ;
non de la *Connoiſſance*, puiſque le Parlement étoit Juge d'Appel, & qu'il avoit, comme tel, renvoyé au Châtelet la première plainte de M. le Procureur-Général, mais de l'*Inſtru-*
ction du Procès de votre père ; ſophiſmes très-adroits, & par
leſquels vous eſpérez vous ménager des moyens d'incompé-
tence contre tous les Tribunaux qui ne réhabiliteront pas
votre père, attendù que leur compétence aura toujours,
ſelon vous, ces Lettres-Patentes pour principe) vous ajou-
tez : » Tout ce qui réſulte de ces ſecondes Lettres-Patentes,
» c'eſt

» c'est qu'il y a une double manifeftaftion des ordres du Sou-
» verain, une double défobéiffance à ces mêmes ordres , & que
» mon père a été la victime de cette double défobéiffance.

» Je ne cite que les faits ; je ne juge point les intentions ;
» mais, *si la condamnation de mon malheureux père eût été réduite
en syftéme, si l'on eût dit : Qu'importe où foient les délits,
voilà où doit être la peine ; voilà l'homme qu'il faut immoler ;
tout ce qui tend à ce but eft précieux ; tout ce qui en éloigne
eft fufpect ; tout ce qui peut s'armer contre lui eft facré. Il
feroit innocent si l'on ne vouloit rien écouter de ce qui eft coupable ; il faut donc que tout ce qui le dit coupable foit innocent. Si on eut penfé, si on eut parlé ainfi, qu'eût-on fait,
qu'eût-on pu faire de plus que ce qu'on a fait ?*

Plus loin encore, en parlant des Témoins & des Juges ;
voici ce que je lis : *Il n'eût pas coûté beaucoup de peine, il
ne falloit pas chercher, il ne falloit que regarder. Qu'on n'eût pas
fermé les yeux feulement............ on eût vu un ramas de gens
fans aveu, & fans honneur, les uns couverts de fange, les autres
couverts de crimes, des Garçons Tailleurs, des Chandeliers, des
Calfats de Vaiffeaux, des Palefreniers, des Banqueroutiers, des
ASSASSINS, les uns devenus Membres d'un Confeil dont ils dés-
honoroient le nom, les autres devenus Employés d'une Compagnie
dont ils dévoroient la fubftance, plufieurs flétris par la Juftice,
bannis de l'Europe plutôt par l'indulgence que par la févérité des
Loix, conduits aux fers à l'Orient, & de là aux Indes, la plu-
part dénoncés par l'Adminiftration comme coupables de lâchetés,
d'infidélités & de brigandages.*

Ailleurs, à l'occafion de la mort du fieur Dubois, dont
j'ai parlé, vous dites, appuyé fur le témoignage des Gardes
fubornés par votre père : *Donc on n'a pas pu ne pas voir*

qu'il y avoit eu un assassinat prémédité contre mon père........ Donc on ne peut pas ne pas voir qu'on a admis pour témoins des Assassins.

Vous poursuivez : *Mais comment justifiera-t-on une Instruction fondée sur de pareils témoignages ; & que répondra-t-on à cette longue liste de faits que je viens de mettre au jour, & que j'offre de prouver ligne par ligne ?* Ce qu'on a répondu, lorsque mon père, dans ses reproches, articuloit les mêmes faits, dont il offroit les mêmes preuves ; que si on n'eut entendu contre lui aucun de ceux qui revenoient de l'Inde, ou dénonciateurs de sa conduite, ou ennemis de sa personne, ou intéressés à sa perte, il n'y eût pas eu de témoins, & il en falloit.

Il falloit des témoins ! Et apparemment, lorsque je m'éléverai tout à l'heure contre une accusation deux fois renouvellée, deux fois renversée, & reproduite encore sous une troisième forme, à laquelle on n'entend plus rien, on me répondra qu'il falloit un délit ; & lorsqu'en parcourant tous ceux dont on avoit chargé mon père, je demanderai quel est celui que la Loi punissoit de mort, on me répondra qu'il falloit une victime ; & je répondrai, moi, que s'il est des cas où il faut des témoins, un délit, une victime, alors il ne faut plus de Loi.

Mais, si l'occasion de verser le sang des hommes est si précieuse qu'il ne faille jamais la laisser échapper ; s'il falloit des témoins un délit, une victime, falloit-il aussi que pour témoins on ne reconnût que ceux qui pouvoient charger mon père ? Que pour délits, on ne reconnût que les actions faites par mon père ? Que pour victime, on ne reconnût que mon père ?

C'est peu, vous renchérissez par ces paroles : *Cependant, tandis qu'on négligeoit, qu'on évitoit, qu'on rejettoit tous les témoignages que la raison, l'honnêteté, la justice appelloient, on*

cherchoit, on accueilloit, on encourageoit tous ceux dont l'admif-
fion étoit le comble de l'abfurdité, de la honte & de l'iniquité.

Dans un autre endroit : *Mais puifqu'on ne vouloit pas pour-*
fuivre les faux témoignages, on aura du moins refufé d'en admet-
tre toutes les preuves. Non, des preuves ont été admifes, des
impofteurs ont été avoués tels, on les a reconnus pour faux té-
moins, & on les a confervés pour témoins.

Dans un autre........ après l'imputation horrible faite à M. de
Brétignières, à ce Magiftrat dont l'indulgence connue ne s'eft
pas démentie même envers votre père, *d'empêcher qu'on m'écri-*
vît la rétraction d'un témoin, vous dites.....: *Ainfi les faux témoins*
fe fauvoient en calomniant mon père, & les hommes vrais & hon-
nêtes fe perdoient en le défendant.

Et peu après, au fujet de trente-deux témoins qui faifoient
charge, vous parlez ainfi : *Sur ces trente - deux témoins, tous*
ennemis jurés, il s'en eft trouvé douze dénonciateurs, treize faux
témoins, quatre affaffins, & mon père a été condamné à mort fur
leurs dépofitions.

Tels font les paffages que M. d'Eprémefnil a lus ; mainte-
nant il vous demande, à vous qui le taxez d'avoir défiguré
votre Mémoire, à vous qui *n'avez apporté dans cette lice que*
la droiture, la franchife, la loyauté (a) , s'il n'a dû voir qu'un
reproche d'*erreur* dans ces paffages, & s'il a trompé la Cour,
en affurant que votre *Mémoire au Confeil* repréfentoit tous
les témoins comme des parjures, tous les Juges comme des
bourreaux, par qui la mort de votre père étoit mife en
fyftême, qui l'avoient intérieurement jurée ; il vous demande
lequel, de vous ou de lui, a dit la vérité.

(a) Termes de la *Réclamation.*

L'avez-vous dite encore, en affirmant que vous n'aviez pas demandé une Commiſſion ? Liſez donc les Concluſions de votre Requête au Roi....... Mais ici qu'avez-vous dit ? *J'ai demandé au Roi un Tribunal compoſé de Lieutenans-Généraux & de Magiſtrats........* D'abord ce Tribunal étoit une Commiſſion........ Mais de quels Magiſtrats ? Achevez donc, vous n'avez pas oſé le dire........ Il faut donc que je le diſe pour vous........ *De Lieutenans-Généraux & de Magiſtrats...... du Conſeil.....* Or la Cour ſe rappelle ce qu'a plaidé mon Adverſaire, que *le Conſeil, avant de caſſer un Arrêt criminel, s'aſſuroit de l'innocence.....* En cela même, vous-vous trompez encore....... Car nous avons vu en 1778, un Arrêt d'abſolution, en faveur de huit perſonnes accuſées d'incendie, caſſé à la Requête de la Partie civile, qui propoſoit deux moyens, *l'injuſtice du fonds, & l'énormité des dommages & intérêts* fixés par l'Arrêt à 12,000 liv. réparties entre les huit Accuſés. Certainement le Conſeil, en opinant pour la Caſſation de cet Arrêt, n'avoit pas l'évidence, ni légale ni morale de l'innocence...... Mais enfin, je l'admets.... Le Conſeil étoit ſûr de l'innocence de votre père en opinant pour la Caſſation...... C'étoit donc des Magiſtrats ſûrs, ſelon vous, que votre père étoit innocent, qui n'auroient pas opiné pour la Caſſation, s'ils n'avoient pas cru votre père innocent, que vous demandiez pour Juges de la Queſtion : *Si votre père étoit innocent ou coupable.* Cette marche eſt-elle bien ferme ? Eſt-elle bien d'un homme ſûr de ſa Cauſe ? Je dis plus : Eſt-elle reſpectueuſe pour le Conſeil du Roi ? Vous dites que ſon ſentiment, en faveur de l'innocence de votre père, eſt établi par la Caſſation, & vous demandiez qu'il jugeât cette innocence, déja examinée, déja reconnue par lui ? Votre manière d'honorer les Magiſtrats eſt bien étrange. Je conclus que ce Tribunal, demandé par vous au Roi, compofé de Magiftrats qui s'étoient, à vous entendre, expliqués, engagés, par la Caffation, pour l'innocence de votre père, de Magiftrats dont vous taifiez ici la qualité, étoit une vraie Commiffion. Qui de nous deux a dit encore la vérité fur cet article?

Vous-vous êtes récrié; vous aviez peine à retenir le mot de *Calomnie*, fur ce que j'ai dit que le feû Roi n'avoit jamais voulu entendre parler, ni de Grâce pour la perfonne, ni de Réhabilitation pour la mémoire, ni de Révifion pour le Procès du Comte de Lally. Et quel eft votre moyen? Que vous n'avez jamais demandé la rehabilitation. Eh! que m'importe? Avez-vous demandé la grâce du Général? N'eft-il pas notoire pourtant qu'on l'a demandée? N'eft-il pas certain que les parens du Comte de Lally fe font jettés aux pieds du Roi, & qu'ils n'ont pas ceffé d'employer en fupplications les trois jours accordés depuis l'Arrêt? Vous convenez d'avoir préfenté un Mémoire pour la révifion en 1772; voilà donc deux de mes faits prouvés, & l'un des deux, par vous-même. Quant à la Réhabilitation, démentez donc tout le Public; démentez Paris & Verfailles. Mais je ne puis m'empêcher d'admirer votre prudence; le choix du temps pour la Révifion en eft une preuve. Vous aviez lu dans l'Ordonnance que les Lettres de Révifion doivent être adreffées aux Cours où les Procès ont été jugés. Votre père avoit été jugé au Parlement de Paris; c'étoit donc au Parlement de Paris que la Révifion devoit être envoyée. Mais, en 1772, le Parlement étoit-il à Paris? Singulière fageffe! Quand le Parlement de Paris eft difperfé, vous demandez pour Juge le Parlement de Paris; quand le Confeil a, fuivant vous, prononcé l'innocence de votre père, vous demandez pour Juge de votre père, le Confeil. Que veut dire cette conduite? Je vous laiffe y penfer.

Vous avez dit que le P. Lavaur avoit écrit deux Mémoires, l'un contre, & l'autre pour votre père ; & moi, je vous réponds que cette assertion est une fable ; vous invoquez le témoignage du Marquis de Montmorency ; & moi, je vous réponds qu'un Montmorency n'affirmera jamais ce fait. J'adresserai mon Plaidoyer au Marquis de Montmorency.

Vous avez dit que *le P. Lavaur avoit à lui* 1100 *mille livres, quand il est mort, en demandant l'aumône au Gouvernement.* Le fait fût-il vrai, que m'importe ? Mais il faut être juste. Les billets, les effets trouvés sous les scellés du P. Lavaur, n'étoient pas à lui. Ce n'étoient que des dépôts. M. Bertin, Ministre, l'a dit au feû Roi, en plein Conseil. On les a rendus en vertu d'Arrêts. Ces Arrêts existent. J'adresserai mon Plaidoyer à M. Bertin.

Vous avez dit que *le Conseil de Pondichéry avoit voulu faire arrêter le Général Lally, & lui faire subir le même traitement que le Conseil de Madras a depuis fait éprouver à Lord Pigot ;* vous en avez attesté le Chevalier de Crillon ; & moi, je réponds que cette assertion est une calomnie ; j'adresserai mon Plaidoyer au descendant du brave Crillon.

Vous avez invoqué en faveur de votre père le suffrage du Marquis de Montmorency......; je vous observe que le Marquis de Montmorency, arrivé en Avril 1758, est reparti pour France très-peu de mois après......; le suffrage du Comte d'Estaing......; je déclare que le Comte d'Estaing, fait prisonnier au siége de Madras, ne faisoit dès-lors aucun cas du Général Lally. J'adresserai mon Plaidoyer au vainqueur de la Grenade (a).

(a) Tous ces Engagemens sont remplis, je publierai les Réponses que j'ai reçues. Il m'en reste une à faire auparavant au Marquis de Montmonrency.

Vous avez cité les Lettres du Colonel Coote, *en admiration*, avez-vous dit, *devant le Défenseur de Pondichéry;* prenez-y garde; un chef aimé de ses concitoyens, & loué par ses ennemis, est sûrement un homme de bien; mais un chef loué par l'ennemi, tandis que tous les siens le chargent de trahison, qu'en pense l'Historien que vous avez cité?

Vous m'avez assuré que vous pensiez à faire imprimer le Procès de votre père. Je veux le croire; mais je proteste contre toute édition dont je n'aurai pas, après vous, certifié les épreuves.

Vous m'avez reproché de vous avoir tendu des piéges. Hélas! la Vérité est un piége terrible pour celui qu'elle épouvante.

Vous m'avez reproché de vous proposer un parricide, en vous priant d'abandonner les Mémoires de votre père au sujet de mon Oncle; & c'est vous qui le commettez, ce parricide, en m'obligeant, pour défendre mon Oncle, de démasquer l'Auteur de ces Mémoires. Et vos emportemens ne vous ont pas permis de reconnoître à la déclaration dont j'ai tracé l'esquisse dans mon premier Discours, sans la donner comme immuable dans ses moindres expressions, que mon cœur ne vous auroit, avant les Plaidoieries, demandé qu'un prétexte pour ne pas vous troubler dans un Ministère qui cesse d'être pieux, quand il n'est rempli qu'aux dépens de la Justice & de la Vérité.

Vous m'avez témoigné une fausse compassion au sujet de la Correspondance qui n'étoit pas encore distribuée dans cette Ville; vous avez dit: *Je fais des vœux bien sincères, & mon Adversaire en fait sans doute de bien ardens, pour que je ne sois pas forcé à discuter cette Correspondance......* Assurément, on ne peut pas former des souhaits plus malheureux. Non - seulement je defire, je vous demande, mais encore je vous fupplie, &, fi ce n'eft pas affez de mes prières, je vous défie d'entrer avec moi dans la difcuffion de cette Correfpondance. Et vous qui la bravez, pourquoi donc votre Allié, le Sr Allen, que je n'attaque pas, dont l'Avocat plaide pour vous en concluant pour lui, pourquoi s'eft-il tant tourmenté à m'interrompre dans le récit des faits prouvés par cette Correfpondance ? Si vous ne défavouez pas cet Allié timide; fi vous ne difcutez pas cette Correfpondance, je dirai hautement, le Public penfera, la Cour verra que vos vaines menaces, accolées à vos défis abandonnés, étoient d'un homme qui trembloit & vouloit en impofer.

Vous m'avez reproché l'ombre de votre père. J'ai tort, fi j'ai trop bien penfé de vous. Mais, fi votre âme veut s'élever au-deffus des paffions humaines; fi j'ai dû vous fuppofer un efprit ferme, un cœur droit; fi l'amour du bien vous enflamme; fi, peu content de plaire à quelques hommes, fi, peu touché de la vaine gloire, peu fenfible aux attraits d'une célébrité menfongère, vous portez vos regards au-delà du temps & jufques dans le fein de la Juftice incréée, d'où vous devez efpérer que votre père nous contemple & nous juge, vous fentirez que cette évocation, qui vous paroît cruelle, étoit le dernier effort d'un homme que la Vérité tranfportoit, & que fa confiance dans la Raifon, dans la Vertu en vous, élevoit au-deffus de lui-même. Je dois encore vous l'avouer. L'idée m'étoit venue d'oppofer pour toute réponfe à vos clameurs contre mon Oncle, & de placer dans la bouche de votre Père, une expofition calme, froide & comme indifférente à tous les deux, de leur conduite, telle en un mot

que

que je la concevois de la part d'un pur efprit, dont les fautes font expiées, & pour qui la Juftice eft au-deffus de la Nature. Vos cris m'ont arrêté. Peut-être auffi cette entreprife étoit-elle au deffus de mes forces ; je ne l'ai pas fuivie ; je n'ai parlé qu'en homme, mais du moins j'ofe croire vous avoir parlé en homme jufte. Et je fuis fûr que, rentré en vous-même, vous le reconnoîtrez, quand les chimères dont s'eft nourrie votre âme, feront évanou'es.

Enfin vous avez dit que mon Oncle avoit dénoncé, diffamé votre Père, machiné contre lui ; que, par-là, il en avoit provoqué les Mémoires ; ce reproche tient aux Moyens de Droit ; il m'y conduit ; je les commence.

*J*E *termine cet* EXTRAIT *par le récit d'un fait que j'ignorois en compofant mon* PLAIDOYER.

M. le Comte de Genlis commandoit dans l'Inde un Régiment formé de foldats de la Marine, & de Matelots laiffés à terre par M. le Comte d'Aché. Ce Régiment occupoit la Blanchifferie des toiles, bâtiment immenfe, près de Pondichéry ; deux foldats de ce Corps vont en maraude, & tuent un cochon. Ce cochon appartenoit à des *Corvas*, ou gens de journée, qui travailloient à réparer les Fortifications près de la Porte-Madras. Ils n'ont point porté de plainte le jour du délit. Le lendemain, M. de Lally va vifiter les travaux de la Porte-Madras. Deux Corvas fe jettent à fes pieds, & demandent juftice du cochon tué la veille par des Maraudeurs de la Marine, mais fans défigner les coupables. Le Général ordonne fur le champ qu'on aille à la Blanchifferie arrêter les foldats de la Marine qui s'y trouveroient. On obéit ; deux de ces foldats qui fe promenoient fans armes font rencontrés,

E

faifis & conduits au Général, qui, fans forme de procès, fans examen, fans que ces malheureux fuffent reconnus pour les coupables par les Corvas plaignans, les condamne de fa propre bouche à être pendus.

De ces deux foldats, l'un étoit Gentilhomme, l'autre un enfant de feize ans, fils d'un ancien ferviteur de la Compagnie, adreffé à M. Duplan, Confeiller de l'Inde, qui, pour contenir par la difcipline Militaire, cet enfant un peu dérangé, avoit prié M. le Comte de Genlis de le prendre Volontaire dans fon Régiment. M. de Genlis inftruit du fort de ces infortunés, court fe jetter aux genoux du Général, lui repréfente leur innocence ; *qu'ils n'étoient pas reconnus pour les coupables ; que d'ailleurs le délit étoit de la veille ; qu'ils n'avoient pas été pris par le Grand - Prevôt; qu'on n'avoit pas publié de Ban, & qu'ainfi, la rigueur de la Loi feroit pour eux ; mais qu'en un mot, ils étoient innocens ; ce qui tranchoit toute difficulté.....* Lecteur fenfible, le Comte de Genlis, eft à Paris ; il eft tout couvert de bleffures, reçues pour la défenfe du Pays livré par le Général Lally; il eft un des témoins ; je l'en attefte ; écoutez-le, & demandez à l'imprudent que mon devoir m'oblige de réduire au filence devant la Juftice, ce qu'il ofe répondre à la dépofition du Comte de Genlis ; demandez-lui s'il oferoit me faire fignifier ce qu'il n'a pas rougi d'affirmer fourdement à fes nouveaux Juges dans fes Libelles clandeftins. En attendant, je vous annonce que le Comte de Genlis a vainement demandé au Général, à deux genoux, les mains jointes, les yeux baignés de larmes, la vie des deux infortunés profcrits par cet homme barbare; il offrit même de l'argent pour les fauver. Mais, pour cette fois, la férocité du Général l'emporta fur fon avarice ; & le cruel s'en tint à déclarer qu'il falloit que l'un des deux périt. On les fit tirer au fort. Le fort fervit la haine du Général contre les Serviteurs de la Compagnie ; il tomba fur l'enfant de feize ans. Le Comte de Genlis redoubla d'inftances. Ses fupplications, la jeuneffe & l'innocence de la victime furent inutiles ; le Tyran perfifta dans fon Arrêt ; le malheureux enfant fut pendu, & le Comte de Genlis fut obligé de préfider à cette abominable exécution.

Autre fcene d'horreur. Trois foldats dont deux du Régiment de Lally, le troifiéme du Régiment de la Marine, font pris en maraude, ou défertans avec leurs armes ; je n'affirmerai pas duquel de ces deux crimes ils s'étoient rendus coupables. Mais le fait eft que, par l'un des deux, ils méritoient tous trois la mort ; & leur falut ne pouvoit dépendre que du fort. Le Général, fans faire avertir le Comte de Genlis, leur Colonel, fans les faire tirer au fort, ordonne que les deux Irlandois foient délivrés, & que le François foit pendu. Il le fut, & le Comte de Genlis ne l'a fçu qu'après l'exécution.

Tel fut l'homme pour lequel on veut aujourd'hui vous intéreffer, ô François ! & fur lequel on cherche à vous perfuader que la Grand'-Chambre du Parlement de Paris, conjurée avec toute une Colonie, a commis, par fon Arrêt unanime, un affaffinat juridique.

Veut-on prendre pour Juge, le Régiment d'Aunis, autrefois Lorraine, le même qui fervoit dans l'Inde, fous les ordres de cet homme exécrable ? Eh bien ! je m'en rapporte à tous les Officiers de ce Corps, dont je louerois la valeur & la loyauté, fi je n'invoquois pas fon témoignage. Je le fupplie de me démentir, fi j'ai tort de prétendre que le nom de *Lally* lui fait encore horreur après vingt ans.

J'ai dit dans mon premier Plaidoyer que le Général Lally étoit *le plus lâche*, *le plus avare*, *le plus coupable*, *mais heureusement le plus mal-adroit des traîtres*. Je l'ai prouvé dans mon second. J'aurois dû dire qu'il en étoit aussi le plus *féroce*.

Je défie hautement le Sr de Tolendal de publier, & de me faire signifier, premièrement tout ce qu'il a plaidé ; secondement les Mémoires qu'il a distribués clandestinement aux Magistrats qui visitoient son Procès, quand je suis intervenu.

Me cacher ces Mémoires, ces Plaidoyers, n'est pas la marche d'un homme bien assuré. Dès qu'ils me seront signifiés, je ferai de mon mieux pour y répondre.

Mais je ne sçais plus comment m'y prendre pour amener mon Adversaire à se montrer. Je l'ai sommé, je l'ai prié, je l'ai défié de citer un seul fait contre le Gouverneur de Pondichéry, de publier une seule ligne pour le Général Lally. Rien ne le touche. Quand je parle, il se tait ; quand je parois, il fuit, lui qui défioit l'Univers, dans le *Courier de l'Europe*, le 1 Juillet 1778 (*a*).

(*a*) *Voyez le* No XIV. *du* IVe *Volume* du *Courier de l'Europe.*

Signé, DU VAL D'ÉPRÉMESNIL.

Monsieur DE GRÉCOURT, *premier Avocat Général.*

Me CLÉROT, *Procureur.*

De l'Imprimerie de LOTTIN l'aîné, Imprimeur du Roi & de la Ville, rue S. Jacques, au Coq ; 1780.

Bazard, Marché.

Boues, Porteurs.

Caste, Claſſe, état, ordre de Citoyens. Les Juifs ſont diviſés par *Tribus* ou *Familles* ; les Indiens par *Caſtes* ou *Profeſſions*. La Caſte des *Brames*, des *Laboureurs*, &c. . . . . Chacune de ces Caſtes a ſes préjugés, ſes diſtinctions, depuis les *Brames*, la première de toutes, juſqu'aux *Parias*, la dernière, condamnée par l'opinion de toutes les autres à vivre dans l'aviliſſement. C'eſt là ſon éternelle & triſte diſtinction.

Chélingues, Embarcations Indiennes, plus grandes que des Chaloupes.

Coulis, gens de journée, Portefaix.

Cypayes, ſoldats Indiens.

Dalvaye, Viſir & Généraliſſime tout à-la-fois.

Dorbar, Conſeil : *Baſſaletzingue fit lire cette lettre en plein Dorbar*, page 149, c'eſt-à-dire, en plein Conſeil.

Lak, ſomme de Roupies. Un *Lak* vaut cent mille Roupies. La *Roupie* vaut 48 ſols. Le *Kourou* vaut cent Laks.

Mouçons, Vents qui régnent invariablement ſur les mers de l'Inde, ſix mois au Sud & ſix mois au Nord.

Neſlis, Ris en coque.

Pagode, Monnoie d'or de l'Inde. On y diſtingue quatre eſpéces de Pagodes ; *la Pagode de Portenove* ; c'eſt la plus ancienne & la moins eſtimée ; elle vaut environ 350 roupies, les cent Pagodes. *La Pagode de Pondichéry* diſtinguée par un croiſſant ; les cent valent de 352 à 360 roupies. *La Pagode de Madras*, diſtinguée par une étoile ; même valeur. Enfin *la Pagode à 3 figures* ou *de Maſulipatam* eſt la plus eſtimée ; les cent valent depuis 360 juſqu'à 400 roupies.

Dans les comptes de Commerce, Banque & Finance, on employe *la Pagode courante*, monnoie fictive, comme notre livre tournois, & qui vaut 825 liv. pour cent Pagodes. Cette valeur eſt invariable.

Le prix des Pagodes effectives hauſſe & baiſſe ſuivant le cours de la Place.

On apporte rarement en France des Pagodes de Portenove. Celles de Pondichéry & de Madras s'y vendent de 8 liv. 15 ſ. à 9 liv. celle à trois figures, environ 10 liv.

Pagode, Temple Indien, élevé communément au milieu d'une enceinte fortifiée.

Topas, Soldats noirs Chrétiens.

Triqueballe, Chariot de munition.

Wuquil, Député.

Page 4. *ligne* 21. en contravention *des* Réglemens, *lifez*, en contravention *aux* Réglemens.

p. 12. *l.* 19. des fignifications à faire, *lifez*, des fignifications à faire faire.

p. 18. *l.* 7. je me févre, *lifez*, je me ferre.

p. 39. *l.* 25. que celle, *lifez*, que celles.

p. 52. *l.* 13. toute la Correfpondaneé, *lifez*, toute la Correfpondance.

p. 71. *l.* 3. par clle, *lifez*, par clles.

p. 85. *l.* 25 & 26, du 21 Avril fit, *lifez*, du 21, avoit fait, *l.* 27. que dès le 22 il a fait, *lifez*, que dès le 22 il fit.

p. 96. *l.* 28 & 29. de la levée de Madras, *lifez*, de la levée du fiége de Madras.

p. 98. *l.* 3. eut pris par là, *lifez*, eut pris là.

p. 112. *l.* 26. qu'il articule, *lifez*, il articule.

p. 116. *l.* 23. le Sieur Suetton, *lifez*, le Sr *Sutton.*

p. 128. *l.* 24. voici ma preuve, *lifez*, voici mes preuves.

p. 132. *l.* 24. préfidant, *lifez*, préfident.

p. 138. *l.* 9. pour la converfion effective, *lifez*, par la converfion effective.

p. 140. *l.* 26. on apprend qu'ils avoient, *lifez*, on apprend qu'ils ont.

p. 145. *l.* 17. toutes à votre gloire, *lifez*, tous à votre gloire.

p. 151. *l.* 16. mon égard, *lifez*, à mon égard.

p. 158. *l.* 14. avions, *lifez*, avons.

p. 163. *l.* 19. feroit inceffamment annullé, *lifez*, feroit annullé.

p. 170. *l.* 11. pagode, fortifiée pour barrer, &c. *lisez*, pagode fortifiée, pour barrer, &c. la virgule après le mot *fortifiée:* cette obſervation eſt très-importante.

p. 191. *l.* 23. Mergny, *lisez*, Merguy. N_a *la même faute ſe retrouve en pluſieurs endroits.*

p. 198. *ligne* avant derniere, iſnolentes, *lisez*, inſolentes.

p. 200. *l.* 3. qui s'aidera, *lisez*, qu'il s'aidera.

p. 202. comme en celui des foſſés, *lisez*, comme celui des foſſés.

p. 215. 1re *ligne*, quelle audace ? *lisez*, quelle excuſe ?

p. 239. *l.* 17. tire en effet, *lisez*, tire enfin.

p. 242. *l.* 25. de me faire mettre à la Pagode à Madras, &c. *lisez*, de me faire mettre à la Pagode. A Madras, &c. un point après Pagode. Cette obſervation eſt encore importante.

p. 258. *l.* 11. Arcate au milieu demeure ſans protection, *lisez*, Arcate demeure ſans protection. N^a *cette faute ne ſe trouve que dans les mille premiers exemplaires.*

p. 268. *l.* 3. ſur une, *lisez*, ſous une.

p. 270. *l.* 6. vous trompez, *lisez*, vous-vous trompez. N^a *cette faute ne ſe trouve non plus que dans les mille premiers exemplaires.*

p. 273. *l.* 23. déclaration tracée par moi, *lisez*, déclaration dont j'ai tracé l'eſquiſſe.

p. 321. derniere *ligne*, les preuves qu'en, *lisez*, les preuves qu'on en.

p. 338. *l.* 5. a-t-on choiſi ? *lisez*, a-t-on choiſie ?